Choses d'Espagne

PAR

Max Korff

Choses d'Espagne

PAR

Max Korff

Destin fatal ! Faut-il donc voir pousser
Le cactus au pays où fleurit l'oranger !

(Traduit de TRITEL).

Les livres ont leur destin ; les journaux aussi.

A diverses reprises, durant plusieurs années, un grand journal démocratique a lancé des articles sur la corruption qui règne en Espagne.

Les lecteurs savent ce que renferme cette prose indignée. Tous ces articles n'éclairent que superficiellement la situation, ils ne citent pas un seul fait, et pourtant ce serait là le clou : le fait nous éclairerait mieux que toutes ces jérémiades sur les « hommes peu consciencieux » qui disposent des destinées du pays.

L'auteur de ces pages a sous les yeux quelques-unes des tristes philippiques du grand journal démocratique en question. Point de doute que l'honorable rédaction ait loyalement partagé, dans la mesure de ses forces, l'indignation qu'elle exprime dans ces articles, et elle a agi en toute conscience en les publiant.

Mais le hasard a souvent de singulières surprises, et quant à enchaîner la destinée, la rédaction d'un grand journal démocratique, tout honorable qu'elle soit, est impuissante à le faire.

Or des lettres authentiques, des pièces et des documents irréfutables nous permettent de rapporter ici ce qui s'est passé lors de la grande fourniture d'armes faite à l'Espagne peu avant la guerre hispano-américaine.

L'affaire fut d'abord entre les mains de Mauser, à

Oberndorf ; la partie commerciale était confiée à son associé d'alors, M. Alfred Kaulla, aujourd'hui Alfred de Kaulla, à Stuttgart; mais celui-ci se sépara de Mauser, et l'affaire passa tout entière aux mains de M. Louis Lœwe (Isidore Lœwe et Cie) de Berlin. Cette maison Isidore Lœwe et Cie avait, précédemment déjà, acquis les actions de la fabrique Mauser. Au dehors Mauser paraissait indépendant dans l'intérêt du bon renom, et cela grâce aux soins des nouveaux propriétaires; en réalité, le Lœve l'avait depuis longtemps remplacé.

Ceux qui traitèrent le marché du côté espagnol d'abord pour Mauser–Kaulla, puis pour Louis Lœwe et Cie à Madrid, étaient MM. Lévi et Kocherthaler, 42, Carrera de San-Geromino à Madrid. Précédemment leur raison sociale avait été : Eduardo Lévi et C°.

M. Kocherthaler répond au prénom de Samuel.

Tous deux sont de braves Souabes.

Don Eduardo est de Hechingen, et c'est une petite localité du Kocherthal, Enslingen, qui fièrement compte Samuel parmi ses célébrités.

Homme de talent, Eduardo Lévi a écrit aussi dans des journaux. Autrefois il comptait lui-même parmi les correspondants occasionnels du grand journal démocratique qui, de temps à autre, publiait, dans un accès d'indignation, des articles sur l'horrible corruption qu'on trouve en Espagne. Mais il est certain que ces élucubrations indignées n'étaient pas dues à la plume d'Édouard Lévi, car, comme nous le raconterons plus loin, il a, lui, pratiqué la corruption des fonctionnaires espagnols avec une *maestria* jusqu'alors inconnue.

« Je sens deux hommes en moi » aurait-il pu dire, hélas! L'instinct foncièrement honnête de l'Allemand d'une part et, de l'autre, l'âme noire du brigand espagnol!..... »

Et combien s'est mépris le grand journal démocratique et combien lui, d'ailleurs si plein de sagesse, ne s'est-il pas blousé en ce qui concerne son correspondant Lévi!

A quiconque lit cette feuille un certain temps, s'impose la conviction qu'elle a le monopole de l'honnêteté, de la loyauté, de la fidélité, des convenances, des mœurs et d'un tas d'autres qualités, et voici que son propre correspondant madrilène d'occasion lui joue le mauvais tour de porter pour sa part, c'est-à-dire dans son *rayon*, la corruption à un degré de supériorité imposant le respect même aux Espagnols, et ce n'est pas peu dire.

Édouard Lévi a trouvé la mort dans le fameux déraillement du Sud-Express, près Dax, le 15 octobre 1900. Précieuse existence que la sienne, sans exagération! Les exagérations, d'ailleurs, sont bannies de cette brochure : elles y seraient superflues, vu les faits en question. Pour soulager un peu sa douleur, sa veuve, Donna-Maria, une Espagnole authenthique, a demandé 5.000.000 (cinq millions de francs en or, non en pesetas sur papier) pour la perte irréparable de son don Eduardo.

Voilà bien une existence précieuse. Mais la veuve n'a rien touché encore.

Cette perte fut également irréparable pour beaucoup de fonctionnaires espagnols et en particulier madrilènes. Ils ont versé sur sa tombe des larmes de sincère douleur : adieu les bons pourboires qu'il était à même de verser à pleines mains.

Or le grand journal démocratique n'a pas manqué de donner un compte-rendu du service religieux qui (quoique Lévi ne fût pas devenu catholique) avait été célébré pour lui à l'église Saint-Jérôme ; de verser sur sa mort les larmes nécessaires et de remarquer qu'à la cérémonie funèbre avaient assisté de nombreux représentants de l'aristocratie madrilène et de la colonie allemande.

Le « grand concours » de l'aristocratie à cette cérémonie suggère de profondes réflexions ! Quel rapport peut bien exister entre les fiers Grands et la dépouille mortelle d'un homme qui s'appelait Lévi ?

D'une volumineuse correspondance nous n'extrairons que trois lettres : elles caractérisent et illustrent suffisamment l'activité déployée par la maison Lévi-Kocherthaler dans la fourniture des fusils à l'État espagnol.

Quoique ces lettres datent déjà de 1887, l'affaire n'a pas perdu de son actualité : quand la guerre hispano-américaine éclata, les fusils étaient encore loin d'être livrés.

La première et la troisième lettre sont de la maison en question ; la deuxième a été écrite par M. Alfred Kaulla, aujourd'hui de Kaulla, de Stuttgart.

Voici la *première lettre*.

« Madrid, 12 septembre 1887.

« Monsieur.....,

à.......

« Nous sommes en possession de votre honorée du 9 courant, qui résume toutes les négociations antérieures et fait entrer l'affaire dans une nouvelle phase. En ce qui concerne la réserve de M. Mauser revendiquant pour lui-même la représentation technique, nous en avons pris note et y souscrivons. De plus, vous pouvez être entièrement assuré que les caisses resteront intactes jusqu'à l'arrivée de nouveaux ordres d'Oberndorf a/-R. ; quant à cela nous prenons envers vous et envers M... l'engagement absolument formel que les caisses resteront fermées jusqu'à ce que nous recevions l'autorisation de les ouvrir.

« En ce qui concerne les autres conditions de M. M..., il est nécessaire que vous-même soyez exactement renseigné sur la nature des fils qui se concentrent en nos mains.

« Les leviers de notre influence au ministère de la guerre, ce sont le président de la commission militaire de la Chambre des députés et son intime, le président même de la Chambre.

« Ces deux personnalités sont les chefs du parti auquel le ministre de la guerre actuel doit sa situation.

« Lorsqu'il y a quelques mois le ministre de la guerre

fut attaqué avec une extrême violence, au sujet de ses réformes militaires, ils l'empêchèrent de tomber.

« C'est dans ces jours de trouble que vint tomber notre offre qui, vous le savez, était le modèle officiel. Comme on sait, nous avons empreint notre offre d'un accent politique qui devait donner à entendre que les cercles militaires de..... (pays étranger) avaient une certaine sympathie pour sa personne et ses réformes.

« Aussi le ministre attacha un grand prix à notre offre et y vit un encouragement. Nous avons fait part de cette démarche à l'ambassadeur..... qui l'a approuvée et a promis de favoriser notre entreprise autant que possible.

« Cependant il n'est nullement dit que le ministre n'ait pas d'autre intérêt que de se vanter d'acquérir la même arme que possède..... Mais pour y arriver, il a besoin de nos amis susnommés qui, bien entendu, veulent y trouver un gain. Ce gain (appelez cela autrement si vous voulez), ces messieurs le repousseraient avec indignation si l'affaire recevait une ombre de publicité; il faut donc que sur ce point nous ayons les pouvoirs les plus pleinement discrétionnaires.

« Jusqu'à présent il n'en a pas été dit un mot. Ce n'est qu'après conclusion d'un contrat qu'il y aura lieu de traiter cette question; il ne saurait donc s'agir de promesse prématurée.

« Il est à remarquer encore qu'il se trouve actuellement au ministère de la guerre 80 modèles sortant de tous les ateliers du monde civilisé; qu'en fait d'arme simple

les Espagnols considèrent le Remington comme la meil-
leure ; que seul le fusil à répétition, en tant que progrès,
a des chances d'être acquis ; qu'un marché ne pourra se
conclure que si nos amis poussent à la roue, et enfin que,
de leur côté, ils ne pousseront à la roue que si nous les
poussons nous-mêmes.

« C'est uniquement parce que nous avons d'abord fait
notre offre sous forme de politesse internationale que nous
avons provoqué un intérêt réel, et vous pensez bien que
si nous prions le ministre de faire une invitation à
Mauser, comme si de rien n'était, le ministre nous répon-
dra que cela porterait atteinte à sa dignité, et la fierté
espagnole s'y oppose.

« Au reçu de votre dépêche, nous crûmes qu'il s'agissait
pour Mauser uniquement de voir si nous avions le pouvoir
de provoquer une déclaration du ministre à notre adresse.

« Après réception du télégramme, notre « don Eduardo »
est parti immédiatement pour la station thermale de Lœches
(au sud de Madrid) où se trouve le président. Il lui parut
d'abord scabreux de demander au ministre une signature
et une déclaration spontanée après l'offre si polie qui lui
avait été faite. Mais je (Eduardo Levi) finis par insister, et
nous tombâmes d'accord que l'auteur de la présente (don
Ed.) écrirait une lettre dans laquelle, s'en référant aux négociations antérieures, il demanderait la permission de pré-
senter les modèles en question (maintenant il y aurait lieu
d'ajouter : et le fabricant) ; à cette lettre nous recevrons
une réponse affirmative exprimant l'intérêt tout particulier

qu'a Son Excellence à soumettre les modèles à un examen consciencieux.

« Mercredi prochain le président viendra ici et nous porterons la lettre chez le ministre où nous recevrons la réponse immédiatement. Une invitation directe à Mauser, qui, de son côté, n'a fait aucune démarche, est tout simplement impossible; elle ne se concevrait que si Mauser revendiquait le mérite des rapports que nous nous sommes créés.

« Maintenant si M. Mauser veut voir si nous avons de l'influence, la réponse du ministre le renseignera. Mais si M. Mauser ne s'en trouve pas satisfait, c'est qu'il projette tout autre chose, à savoir de nous éliminer. Son excessive méfiance doit nous rendre prudents.

« Ce que Mauser demande du ministre de la guerre nous paraît être un manque de tact capable de faire déconsidérer pour toujours le nom de Mauser dans l'armée espagnole, alors même que le ministre changerait; ce que nous proposons, après entente avec le président de la commission, nous semble être le maximum et en même temps, pour les plus sceptiques, un témoignage non douteux de notre influence.

« Pour tout le reste nous sommes d'accord, et à notre avis il est avantageux que M. Mauser vienne ici; toutefois il serait désirable que M. Mauser prît envers nous ou bien envers vous des engagements formels nous garantissant que, le jour où il sera entré dans le cercle de nos relations, il ne nous dictera point ses souveraines volontés; sans vouloir vous commander, nous vous soumettons simplement ces idées que vous pourrez avoir l'occasion d'utiliser; continuez d'ailleurs à agir comme vous l'entendrez.

« L'observance rigoureuse des errements allemands en matière d'affaires mène à des résultats négatifs, comme vous le raconterait bien le major de P. de la compagnie des constructions maritimes la « Germania ».

« Mes meilleures salutations,

« Eduardo LEVI et Cie. »

Donnons immédiatement copie de la deuxième lettre, car c'est la réponse directe à la première. Cette deuxième lettre sera suivie des éclaircissements nécessaires à l'intelligence des deux missives.

Deuxième lettre.

(Confidentielle.)

« Stuttgart, le 17 septembre 1887.

« Monsieur,

« Vous êtes bien aimable de prendre la peine de m'écrire si longuement et je vous remercie des communications que vous avez bien voulu me faire dans votre lettre d'hier.

« Quoiqu'il me paraisse opportun d'attendre d'abord la réponse de M. Lévi à votre dernière lettre — réponse qui, aux termes de votre missive, doit arriver demain ou après-demain, — je tiens cependant à m'expliquer dès à présent sur quelques points.

« Une remarque de M. Lévi, dont il est question à la première page de votre lettre et qui est relative à la représentation technique, me donne occasion de revenir sur la situation de M. Lévi par rapport à nous. Je trouve tout naturel que nous ne renoncions pas au droit de représenter nous-mêmes notre affaire au point de vue technique ainsi qu'à tout autre point de vue, et je n'aimerais pas voir naître la pensée d'exclure la possibilité d'une négociation directe de notre part dans n'importe quel sens. Mais je trouve tout aussi naturel que, si M. Lévi est notre représentant à Madrid, on s'entende toujours avec lui sur la marche à suivre. Que M. Mauser aille à Madrid pour résoudre des questions techniques ou que ce soit moi, nous serons obligés de nous appuyer sur une personne qui soit au courant de la situation et de la langue du pays, et qui nous présentera aux autorités, etc. De tout ce que vous avez dit, il résulte que Lévi est bien l'homme qui nous convient et, par conséquent, il est de notre intérêt même que, loin de l'écarter, nous agissions de concert avec lui. S'il s'y prête, il sera sans doute entendu entre nous que M. Mauser et moi, si nous allons à Madrid, préviendrons M. Lévi de notre arrivée et agirons de concert avec lui à Madrid. Si, de mon côté, je réclame pour nous la liberté d'agir directement, je puis aussi vous assurer qu'il n'est ni dans nos habitudes ni dans nos intentions d'éliminer après coup celui qui a été l'initiateur d'une affaire. M. Lévi n'a donc pas de raisons de se livrer à de semblables appréhensions. Il importe, à mon avis, que vous lui écriviez pour le renseigner exactement sur ce point.

« Il est bon que M. Lévi vous ait fait connaître la situation des personnalités qui sont liées avec lui et, à ce propos, je lui conseillerais, vu mon expérience assez considérable en la matière, de chercher à côté de ces relations, assurément très importantes, à prendre contact aussi avec celui des officiers de la commission d'examen des fusils qui lui paraîtra le plus intelligent et le plus influent.

« Je m'en tiens à cette indication pour le moment.

« Ce que dit M. Lévi sur la façon de (disons le mot) « graisser la patte » est tout naturel. Sur ce point nous lui abandonnons tout pouvoir, et en principe nous ne nous en occuperons qu'en tant que cela aurait une répercussion sur notre prix en fin de compte.

« Je n'ai guère besoin de vous dire que je ne vois pas en quoi le ministre verrait sa dignité atteinte s'il invite une fabrique jouissant d'une réputation universelle à lui soumettre ses modèles. Mais encore une fois, nous ne traiterons ce point qu'après réception de la prochaine lettre de Lévi. Quant à fixer dès à présent le chiffre de vos honoraires et de ceux de M. Lévi en cas de succès, ce serait prématuré, et je crois que nous ne pourrons sérieusement nous entendre là-dessus que le jour où nous nous rendrons compte du prix brut à revenir et du montant des autres frais. Mais si vous désiriez me faire dès à présent des propositions relatives à votre provision et à celle de Lévi (vous pouvez vous en entretenir avec lui), je n'y vois point d'objection, de mon côté. Il serait intéressant pour moi de savoir si, en dehors de ma qualité d'associé de la fabrique

Mauser, vous avez parlé à M. Lévi de ma situation à la banque wurtembergeoise.

« Au sujet des indications secrètes que je vous ai données verbalement, je préfère que vous n'en touchiez rien à M. Lévi.

« Dans l'attente de vos nouvelles, je vous salue et vous adresse l'expression de ma considération,

« Alfred Kaulla. »

Lorsque don Eduardo écrivit la première lettre, il y avait à peine deux ans qu'il était à Madrid. Il s'était donc initié rapidement à la situation particulière du pays.

Son nouvel associé Kocherthaler, lui, venait seulement d'entrer dans la maison Eduardo Lévi et Cᵢₑ. Ils ne disposaient pas de grandes ressources, ni l'un ni l'autre. Ils essayèrent de toutes sortes de représentations et d'agences allemandes, pour gagner de l'argent au pays de l'oranger, mais rien ne rendit bien. Édouard Lévi avait étudié l'Économie politique dans son pays. Il est certain qu'il a su appliquer à merveille dans la pratique les connaissances puisées dans cette étude.

A propos du premier marché, concernant la grande livraison d'armes, Lévi racontait (le 17 octobre 1893) *qu'il les avait tous corrompus* depuis le haut jusqu'en bas. On voit que don Eduardo s'est assimilé l'Économie politique par certains côtés tout spéciaux et il reconnaît clairement que la science allemande ne faillit pas; puisse-t-elle continuer à prospérer, comblée de bénédictions!

Grâce à des recommandations, ils obtinrent la représentation de la *Société générale d'électricité* de Berlin. Nous voulons parler de la maison *Rathenau*. Ils y réussirent.

C'est cette affaire et celle de la livraison d'armes qui ont fait la fortune de ces gens.

Les entreprises qu'ils lancèrent par eux-mêmes sombrèrent toutes plus ou moins. Nous reviendrons là-dessus.

Le contenu de la première lettre est éloquent. Elle se passe des meilleurs commentaires. On ne comprend pas que les ministres et hauts fonctionnaires d'un État de cette importance se soient livrés à des individus tout ordinaires et des plus indiscrets.

Dans un café très fréquenté par des députés et des politiciens, et dont Lévi aussi était le client assidu, celui-ci avait fait, entre autres, la connaissance de C..., alors sous-secrétaire d'État au ministère de la guerre. Dans une autre correspondance le nom de ce monsieur est écrit en toutes lettres. On est surpris en lisant le passage de la seconde lettre où M. Alfred de Kaulla engage MM. Ed. Levi et Cie à s'adresser aux officiers de la commission d'examen des fusils. C'est une grave injure que M. Alfred fait là aux officiers de ce pays ; ces officiers subalternes ont peut-être été les seuls réfractaires à la corruption. L'un d'eux a reçu d'Éduardo Lévi et Cie une jumelle d'un travail merveilleux, et les autres ont reçu chacun un exemplaire extrêmement coquet du fusil qu'ils avaient examiné. Ce n'est pas sans peine qu'on put les décider à accepter ces modestes cadeaux.

Mais ce fut tout.

Les officiers du pays en question ne sont pas des Turcs. M. de Kaulla a eu souvent affaire à ces derniers. Et certes ces officiers seront très surpris de voir qu'on a eu d'eux si mauvaise opinion. Au contraire on ne peut qu'approuver M. de Kaulla d'avoir eu l'attention d'abandonner à Lévi *seul* le soin du « graissage ». M. le Baron parle de son « expérience assez considérable ». Il est vrai qu'on ne peut que faire des présomptions sur ce qu'il entend par cela ; mais sans doute il a dû s'y prendre, avec les personnalités *amies*, comme on se hâte de les qualifier dans ce genre d'affaires, mieux que les Lévi et Kocherthaler n'ont su le faire avec les leurs. Les Lévi et Kocherthaler n'ont pas hésité à livrer, pour l'amour du vil métal, les victimes de leur corruption. C'est là un acte de honteuse bassesse et de dépravation.

Au début, M. de Kaulla avait éprouvé pour MM. Édouard Lévi et Cie une aversion profonde, que la suite justifia. Il se refusait absolument à leur confier la représentation de la maison, et c'est seulement après de longues négociations et après garanties formelles de tiers pour la bonne contenance à venir de la maison Lévi et Cie que la représentation fut confiée à ces derniers.

Depuis que l'affaire a été conclue avec le gouvernement espagnol, M. Kaulla a reçu ses titres de noblesse. Ceux-ci s'accordent à différents mérites : courage, valeur, savoir-faire, etc., déployés devant l'ennemi. Quiconque a rendu de grands services à l'État peut y prétendre également. La vraie raison de l'anoblissement de M. de Kaulla, qui n'est qu'un négociant, je ne la connais pas, mais je suppose qu'il se sera signalé par d'autres *hauts faits*.

Quand M. de Kaulla eut quitté la fabrique Mauser, il y fut remplacé par Isidore Lœwe.

C'est sous sa sage direction que l'affaire fut conclue avec le gouvernement espagnol.

Édouard Lévi et Samuel Kocherthaler étaient tout à fait des gens selon son cœur : avec ces gens-là il y aurait quelque chose à faire. M. Isidore aime à faire des affaires et à toucher à tout. En Espagne, pays riche à population pauvre, bien des choses pouvaient s'acheter à bon compte qui ailleurs ne s'obtiendaient pas à gros poids d'or.

Les affaires que fit la maison Lévi et Kocherthaler avec le gouvernement espagnol pour la haute industrie berlinoise, marchèrent comme sur des roulettes. Et les concurrents perdaient bel et bien toute leur peine.

D'une part, la maison Lévi et Kocherthaler avec un parti de fonctionnaires et de chefs assoiffés de pourboires ; d'autre part, les millions berlinois en quête d'un bon placement. Le fonctionnaire espagnol a un flair remarquable pour le pourboire.

Tout réussissait à merveille au comble des désirs. On put créer une sorte d'État dans l'État, comme tout s'achetait à prix d'argent, et tenir le gouvernement en échec. Cela ne laissait pas de ravir ceux qui étaient à Berlin dans

la coulisse : on n'avait jamais vu un appareil aussi parfait que celui où se produisait don Eduardo; jamais les Berlinois n'avaient été à pareille fête et il s'agissait de la faire durer.

La maison Lévi et Kocherthaler était devenue une sorte de bureau central de toutes les affaires possibles ou impossibles.

En Espagne, le peuple et plus encore la classe aisée éprouvent une méfiance invincible envers tout ce qui touche au gouvernement de ce malheureux pays. On ne se fie à aucun fonctionnaire de l'État ou de la commune.

Don Éduardo racontait qu'un de ses amis, fonctionnaire, marié, ayant une belle situation, payait un loyer annuel de 6.000 pesetas, alors que son traitement n'était que de 2.000. Voilà des questions que l'Espagnol seul sait expliquer et que là-bas on appelle simplement *Cosas españa*.

Le trait suivant caractérisera parfaitement la situation qu'occupaient les Lévi et Kocherthaler à Madrid.

Quand on discuta, au ministère de la guerre, la question du modèle de fusil à choisir et du fabricant à qui serait confiée la fourniture, la reine fit entendre clairement qu'on devait choisir le fusil Mannlicher et en faire la commande à la fabrique d'armes de Steyer, Société par actions, puisque le fusil Mannlicher était aussi bon que le fusil Mauser.

La reine n'eut pas le pouvoir de faire prévaloir sa volonté souveraine contre la célèbre maison et ses partisans, probablement parce qu'elle disposait d'un moins gros porte-monnaie.

Dans tout autre pays du monde pareille chose est simplement impossible, et l'on peut dire sans exagération que les Lévi et Kocherthaler, aidés de leurs complices salariés, tenaient et pouvaient tenir en échec les pouvoirs du pays.

Avant le commencement de cette histoire, Samuel Kocherthaler avait été commis voyageur pour une maison alsacienne de cotons imprimés de bonne qualité. Sur la foi des renseignements de don Éduardo, renseignements qui ne se confirmèrent pas dans la suite, il est vrai, Samuel était arrivé à s'associer avec lui.

Malgré les brillantes affaires qu'ils firent plus tard, Samuel n'avait pas confiance du tout.

Voici un écrit qui nous renseigne sur le malaise qu'éprouvait Samuel Kocherthaler à Madrid :

« Vous comprendrez vous-même qu'il n'est pas logique que l'un des associés gagne le large quand l'autre reste tranquillement ici, car l'un est aussi responsable que l'autre. La cause du départ de Samuel est tout autre : Samuel est marié à une Francfortoise (née Joseph) et cette dame ne se plaisait pas en Espagne parce qu'elle voulait fréquenter l'aristocratie et les princesses, et que pour le faire il ne suffit pas d'avoir de l'argent », etc., etc.

Tels sont les termes du rapport, mais il est bien douteux que Samuel ait quitté Madrid pour les raisons données.

Ce même rapport renferme en outre sur les fonctionnaires supérieurs d'Espagne des propos tellement crus que nous ne pouvons les reproduire ici, même en les gazant.

La raison pour laquelle Samuel Kocherthaler a quitté Madrid, c'est que la manière d'agir de don Éduardo confinant souvent au domaine criminel lui déplaisait. La troisième lettre mettra cela en lumière.

Après avoir fait leurs premières grosses affaires et avoir gagné de l'argent, don Eduardo, Samuel et consorts parurent positivement avoir perdu la tête.

Emma, femme de Samuel, fille d'un petit courtier, est poursuivie par l'idée fixe de ne plus fréquenter que princesses et haute aristocratie. Grands dieux! si le père Joseph, qui était la bonhomie, la simplicité même, avait pu voir cela! Mais il est probable que dans le logement que Samuel alla occuper avec Emma à Berlin W. quai Lützow, 5, les princesses et l'aristocratie auraient eu moins que jamais envie de les fréquenter; même leur patron, M. Isidore Lœwe, est obligé de se passer de pareilles fréquentations. Et Dieu sait si ce dernier est un grand homme!

Dans un autre rapport il est dit de cette maison :

« Samuel Kocherthaler est le négociant sérieux, réfléchi, tandis qu'Édouard est plutôt l'homme aux idées. »

L'auteur de ce rapport est sans doute un honnête homme, mais il voit ces deux patrons à travers le verre grossissant du succès. M. le Rapporteur pourra trouver encore dans cette brochure les renseignements nécessaires, s'il veut bien lire attentivement les lettres I et III qui émanent d'eux.

Donc Samuel est le négociant réfléchi. Quant à Édouard Lévi, c'est l'homme au front d'airain. Il est vrai que ces gens ont fait bien des choses que d'autres ne font pas : c'est là le secret de leur succès, et c'est pourquoi on les considère dans les milieux commerciaux comme des sortes de génies, et l'on se pâme d'admiration devant eux. Mais lorsqu'on connaît la trame de l'histoire et la façon dont ces gens ont fait leur carrière, il n'y a vraiment pas de quoi s'étonner ; et surtout il n'y a pas lieu de parler de « négociant réfléchi » dans une affaire où la gredinerie seule est en œuvre.

Il a été dit plus haut que toutes les entreprises dues à leur propre initiative échouèrent.

Telles furent la fameuse assurance contre la grêle, la plantation de sucre et les différentes entreprises minières.

L'affaire des fusils et l'entreprise d'électricité, appuyées par d'autres, eurent plein succès.

On leur avait retiré mainte représentation où ils n'avaient pas réussi.

Samuel racontait un jour qu'il n'entendait rien à l'électricité ; c'était au moment où l'on lançait l'entreprise d'électricité.

Récemment, la « Société générale d'Électricité » de Berlin a fait un contrat avec la maison Lévi et Kocherthaler, de Madrid. Il y va d'une somme de 1.000.000 de pesetas.

Or M. Isidore Lœwe a fait de Samuel son co-directeur d'une entreprise d'électricité par actions à Berlin, « Société berlinoise d'entreprise d'électricité ». Vu la pratique acquise par Samuel à Madrid, les actionnaires ne seront probablement pas lésés plus tard.

Voici la *troisième lettre.*

« Madrid, 13 juillet 1887.

« Monsieur,

« Aujourd'hui nous avons reçu *via* Barcelone copie de votre honorée du 7 courant.

« Nous attendons impatiemment les dessins demandés. Aujourd'hui nous vous faisons savoir où en est l'affaire des torpilleurs. Le major est parti après s'être rendu absolument impossible et ridicule. Parmi les chantiers étrangers, Schichau seul obtiendra une partie des torpilleurs. La « Germania », de Kiel, que le major représentait, n'a point de chances actuellement. Ce serait donc le moment de se rendre utile. Je sais que le banquier Sommerfeld, de Berlin, est le bâilleur de fonds de la « Germania ». Or, toutes informations prises, voici le plan d'opérations qui s'impose : la « Germania » nous remettra les plans des différentes classes de torpilleurs et de contre-torpilleurs avec les prix. Pour réussir il est nécessaire de savoir exactement à quelles conditions Schichau fait ses offres, offres consignées au ministère de la marine. Pour obtenir *une copie conforme, il faut faire sauter 3 à 4.000 francs*. C'est toute l'avance que la « Germania » ait à faire immédiatement. Il s'agit de tenir en échec les conseillers et journalistes influents par des promesses de provision, qui seront tenues après conclusion de l'affaire. Dès maintenant jusqu'au 10 ou 12 juillet il faudra rester en contact et maintenir le terrain, et ce sera d'autant plus facile qu'en tout il sera commandé 90 torpilleurs, qui occuperont 5 établissements pendant deux ans.

« Il y aura donc quelque chose à gagner pour chacun et l'on pourra, on devra soutenir la concurrence.

« Les soumissions des nationaux n'ont point été prises en considération. Afin de stimuler les gens qui travailleront pour l'affaire, il faut que la « Germania » dépose dans une banque d'ici une petite provision, soit 20 à 30 mille, dont on ne pourra pas disposer tant que l'affaire ne sera pas conclue. Ce fonds peut être placé sous le nom de la « Germania ». C'est ce que font les Anglais : Thompson a placé ici 50.000 francs qui sont l'appât et agissent sur certaines gens à la façon d'une bande de lard. C'est de cette façon seulement qu'il y aura à faire quelque chose. Si donc vous voulez vous en occuper, en voilà les moyens.

« Nous espérons recevoir bientôt de vous des nouvelles concernant notre affaire, ce qui pour nous est plus important et nous ferait atteindre plus vite le but.

« Mais comme on doit soumettre prochainement à la

Chambre les états budgétaires, il importe que nous recevions bientôt des matériaux et des dessins.

« Mes meilleures salutations.

« Eduardo Lévi et Cie. »

La lettre qui précède est comme un guide, un manuel d'instructions à l'usage de celui qui veut entrer en affaires avec un gouvernement. Quand on n'arrive pas à ses fins en corrompant les fonctionnaires, il faut tâcher de se procurer par le vol les offres des concurrents. Ce sera un sûr moyen d'arriver. On voit qu'Édouard Lévi et Samuel Kocherthaler sont gens avisés qui ont toutes les cordes à leur arc. Le *même* ministre qui a été corrompu sera volé, à l'occasion. Après cela, si l'affaire ne réussit pas, c'est qu'elle n'était pas à faire. Les deux personnages se sont surpassés eux-mêmes.

La franche bonhomie de la lettre n° 3 plaira à tout le monde; sans contrainte, tous deux disent leur façon de penser. Samuel était là-bas depuis six mois à peine; donc il était encore néophyte au cœur pur. Ce fut une des premières lettres de cette manière particulière qu'on pourrait appeler la « manière des débuts ».

On ne saurait trop recommander l'étude approfondie de ces *trois lettres* aux négociants novices, en particulier à ceux qui se destinent à l'exportation. Les moyens indiqués ne sont peut-être pas irréprochables, mais le succès est certain. Quiconque travaille dans ce pétrin-là *est forcé* de gagner de l'argent, et n'est-ce pas là l'essentiel ?

Ces trois lettres reproduites conformément aux originaux ont été choisies parce qu'on n'y trouve pas nommées les personnes qui ont *touché*. Si les circonstances appelaient de nouvelles divulgations, nous ferions suivre une nouvelle catégorie de lettres, plus intimes cette fois. Comme il s'agit de flétrir non pas des personnes, mais un système foncièrement mauvais, la publication des trois lettres ci-dessus peut suffire jusqu'à nouvel ordre.

Certes ces gens n'ont jamais été mieux peints et caractérisés que par eux-mêmes dans leur correspondance. On écrirait des volumes que l'on ne pourrait pas donner d'eux une idée aussi parfaite qu'elle ressort de leurs propres lettres. — Et voilà les représentants d'entreprises connues dans le monde entier !

Est-il besoin d'ajouter quel danger ces gens constituent pour l'administration de tout le pays ? Ils jouent le rôle de la plante parasite sur l'arbre pourri. Partout où on la rencontre, tout espoir de salut est perdu.

Jamais non plus tout le tripotage au palais n'a été mieux dépeint que par le négoce et les lettres de nos deux personnages.

Ceux qui ne sont pas au courant de ces sortes d'affaires sont frappés particulièrement de deux choses : d'abord de voir que tant de fonctionnaires haut placés, ministres, sous-secrétaires d'État et chefs de parti, aillent se compromettre avec des gens de bas étage comme Edouard Lévi et Samuel Kocherthaler, et se mettre à leur merci ; en second lieu, de voir des industriels et des millionnaires allemands de tout premier ordre favoriser de telles choses et y tremper. Même acabit : on reste ce qu'on est, on continue *la manière, sa spécialité*, qu'on s'appelle Lévi ou Kocherthaler, qu'on possède déjà des millions ou qu'on les cherche encore, qu'on soit riche ou pauvre, peu importe : même acabit !

Si nos deux personnages avaient continué leurs opérations, ils auraient causé un malheur national. Leur système de brigandage constituait positivement un État dans l'État. Tout se concentrait en leurs mains en vue de perdre le pays et les particuliers.

Don Eduardo avait épousé une femme d'autre race et d'autre religion. Elle sortait d'une famille d'officiers. Assurément cette parenté était très importante pour lui et favorisait ses vues.

A l'instinct de faire argent de tout, se joint manifestement, chez ces gens, celui de dominer leurs semblables.

Les éléments les plus hétérogènes, incompatibles au point de s'entretuer, arrivent à se concilier lorsqu'il s'agit de tromper l'État et de s'emplir les poches. C'est à peine s'ils ont conscience de leur haute trahison.

Don Eduardo, Samuel et consorts déclarent que les et tres publiées par moi sont fausses. Naturellement, ils n'avaient plus que cette ressource ; or cette déclaration montre combien ils jugent grave le contenu de ces lettres. Mais jusqu'à présent ils ont eu la prudence de ne pas rechercher le faussaire. Or cette recherche s'imposait ; car quand quelqu'un est attaqué de telle façon, il devrait riposter sans retard ou bien partir en Amérique, pour des régions inconnues.

Il est bien possible de falsifier une lettre, mais toute une correspondance qui a duré un grand nombre d'années, qui embrasse toutes les situations et circonstances possibles, ne peut se falsifier. Et puis les réponses du destinataire, qui remplissent de volumineux copie-lettres ! Ajoutez à cela un respectable dossier d'actes judiciaires qui renferment *la copie officielle de toutes les pièces importantes.* Qui serait assez fou pour songer à falsifier tout cela ?

Non, Monsieur Guillaume Vogel à Madrid, cette excuse a été la plus mauvaise que vous pussiez faire pour vos amis.

On peut bien donner le change pour une des parties, cela s'est vu souvent ; mais falsifier la correspondance des deux, c'est difficile, disons : presque impossible ; même avec le talent d'Éduardo Lévi pareil tour de force était impossible.

La mort brusque de don Eduardo a anéanti les beaux rêves d'autres gens qui comptaient, grâce à leur fortune, mettre de temps en temps leur grain de sel et influer sur les destinées de l'Espagne.

Le « front d'airain » de don Eduardo n'est pas facile à remplacer. Pendant l'été de 1899 ce dernier disparut un jour subitement de Madrid (Kocherthaler, à ce moment, était déjà installé à Berlin, quai Lützow, 5, au 3ᵉ étage) et il ne revint qu'au commencement de l'hiver. Ne se fiait-il pas trop à la paix ? Cela avait-il donc coûté si gros d'apaiser les esprits les plus montés ? — Mais aussi il y avait vraiment trop de sans-gêne à emménager brusquement avec un bagage si encombrant.

Il était difficile de trouver un successeur à don Eduardo, du moins au sens transcendant où nous l'entendons, et cela malgré le puissant appui des millionnaires berlinois.

Kocherthaler est encore associé de la maison; les autres associés sont la veuve et le neveu de Lévi; le neveu ne brille pas, paraît-il, par ses capacités.

Malgré ses études d'Économie politique et tout son savoir-faire, don Eduardo n'était pas homme du monde, pas gentleman; le tripoteur finissait par percer. La méfiance que lui avait témoignée d'abord M. Alfred de Kaulla était justifiée. Avant tout, don Eduardo ne devait pas livrer les victimes de ses corruptions; ce devait être pour lui une chose sacrée. Mais pour comprendre seulement pareille chose, ils sont trop vils de caractère.

Une partie de la correspondance dans laquelle sont nommés en toutes lettres les Espagnols (de grands noms, très grands) est devenue la propriété de M. Isidore Löwe, Berlin, Dorotheenstrasse; puisse-t-elle l'édifier et l'instruire !

De semblables questions de corruption ne devraient jamais être débattues dans des lettres et encore moins faire naître des querelles; quand on en *arrive* là, bien des choses transpirent, trop de personnes en ont vent et cela finit par être le secret de polichinelle.

Les successeurs de don Eduardo et de Samuel auront une situation difficile; toute cette splendeur sera-t-elle encore de longue durée? Nous ne tarderons sans doute pas à l'apprendre.

Au cours de notre excursion à travers les *Cosas españa*, nous avons failli oublier le grand journal démocratique qui trouve bon de s'indigner de temps à autre contre la corruption espagnole pour intéresser ses nombreux lecteurs.

Ces pages lui montreront à son détriment quels précieux documents aurait pu lui fournir son correspondant d'occasion, Édouard Lévi, si tant est que ledit journal ait voulu parler sérieusement de corruption espagnole; ces révélations lui dessilleront les yeux.

Lorsqu'on a l'occasion, comme l'offre notre récit, de pénétrer au fond des choses d'Espagne, on arrive à s'expliquer bien des choses que nous ne pouvons saisir touchant ce pays. Troubles incessants; pronunciamentos si en vogue dans ces derniers temps; émeutes carlistes; manque de sécurité dans les campagnes; les auteurs de troubles entretenant des relations, même politiques, jusque dans la capitale; crises ministérielles continues; menace perpétuelle d'une révolution; grèves difficiles et sanglantes des ouvriers:

toutes ces choses ne s'expliquent que trop par l'état de décrépitude. Mais le pays ne meurt pas pour cela, ce qui console les Espagnols; il y a quatre cents ans que cela dure! On peut donc avec quelque raison admettre que cela durera toujours, quoi qu'on fasse.

MACON, PROTAT FRÈRES, IMPRIMEURS

MACON, PROTAT FRÈRES, IMPRIMEURS.